ВУКАШИН ЛУКОВИЋ

БЛИЗНАКИЊЕ

песме за децу

УДРУЖЕЊЕ ПИСАЦА
СРБИЈЕ И ОКРУЖЕЊА

УДРУЖЕЊЕ   ПИСАЦА
СРБИЈЕ И ОКРУЖЕЊА
Београд, 2013.

Вукашин Луковић
БЛИЗНАКИЊЕ
песме за децу

Издавач:
Удружење писаца Србије и окружења

За издавача:
Војислав Стаменковић

За издавачки савет:
 Др Милан Плавшић

Главни и одговорни уредник,
 рецензија и лектур:
Тодор Опалић професор, књижевник

Корице:
Вукашин Луковић

Графика:
Вукашин Луковић

Тираж:
примерака
333

Пласман:
vukasin.lukovic@gmail.com

Вукашин Луковић

БЛИЗНАКИЊЕ

Овде јесу песме за децу, али писане су тако за децу од другог или трећег разреда основне школе чим зрелијим, јер су састави скоро свих ових песама такви, што је изгледа и био циљ аутора ове књиге песама. И то је у васпитању деце добар метод рада. Уз то песме ипак, и забавне а не само поучне кроз игру и разговоре. Осим тога, ове песме добро дођу и одраслим читаоцима, нарочито онима који имају деце и с овим песмама могу лакше да разумеју дечија интересовања, жеље за игром, за дружење, нова сазнања која приличе њиховом узрасту.

Већи део савремене поезије за децу носи у себи елементе нове и модерне песме, која је више блиска одраслима него самој деци. Зато је од посебне користи оваква поезија песника В. Луковића, поезија са којом деца воле да расту, поезија која као да се настањује у њима. С овим и оваквим песмама деца као да сазнају много од онога што данас чини свет и што га окружује у природи и свуда. Стога је за похвалу настојање овог песника да деци пружи ову и овакву књигу, у којој ће пронаћи многе слике живота, биљака и животиња, сјајем и топлином сунца, с љубављу, и мноштвом лепих и јаких речи, које обогаћују речник деце. Има лепог ритма у сваком стиху, има звучних рима у свакој строфи што појачава лепоту доживљаја скоро сваке песме. Књига је пуна песама према различитим интересовањи-ма и деце и људи. У свакој песми свуда се осећа свет око себе, и природа и људи, што ову књигу чини темаски богатијом и разноврснијом. То је добитак којим се млади читалац интезивније везује за поезију, за овакав дар за овакву поезију, за ону младост која се тек одлучује да коначно из детињства закорачи међу одрасле. Функција ове књиге је у томе да младима каже како у време свог одрастања нађу вез своје поезије и како књижевност не зна за границе са књигом, ни за границе година и годишта. О томе брину даровити песници као и Вукашин Луковић. Са овом књигом млади могу истински да "разговарају" и да им читав живот буде јаснији, живљи, сликовитији и већи.

Поезија се најбоље схвата и чита онда кад зажелимо да се боље осећамо, кад зажелимо да смо већи и пуни жеље за животом.

У Београду   Теодор
Опалић, књижевник
07.01.2012 год.

СВЕТИ САВА

Што је светац народима,

То је Сава међ` Србима.

У Хиландару Сава је монах био,

Мудрости се тамо научио.

Савине молитве Бог је услишио,

Самосталност цркве одобрио.

Срби Жичу лепу саградише,

Саву за архиепископа поставише.

Узме Србин хлеба и соли,

И Сави се тада моли.

Куда Сава светом ходи,

Он за собом Србе води.

Синан паша ватру жари,

Савине кости да запали.

Пламен се са Сунцем ујединио,

Богу Сава подарио.

Исус, Буда и Мухамед се згрозише,

Како један паша мали,

Може свеца да запали.

ПЕСМА О ДЕЦИ

Деца су плод љубави наше,

Деца су смисао нашег живота,

Деца су радост и лепота,

Деца су живот што вечно траје,

Деца су извор што реку ствара,

Деца су први сунчани сноп,

Који нас обасијава.

Више пута у животу

Можете све да будете.

Покушајте да разумете,

Никада више не можете

Да будете дете.

Близнакиње

БЛИЗНАКИЊЕ

Наше близнакиње су ученице седмакиње,

Оне су две школске лепе Барбике.

Највећи ђачки проблем је тај:

Нико не препознаје која је од њих која.

Једној сестри је име Елеонора,

Ђаци су је краће звали Ела.

Другој сестри је име Теодора,

Ђаци су је краће звали Теа.

При сусрету једне од њих

На наше питање: како си, Ела?

Одговор би добили: Ја сам Теа.

Тако је честа била наша грешка.

За препознавање нашле су решење,

Својој одећи промениле су боју.

Црвену одећу ће носиће Теа.

Плаву одећу ће носити Ела

МАЈКА СВИХ ЖИВИХ БИЋА

Рађања што на земљи има,
Дело је твога плода.
Пут у живот дајеш свима,
Безбрижно свако по њему хода .

Прва храна дође ко плима,
Тече право из твојих жила.
Из твог ткива топлине има,
Уз светлост сунца живот си развија

Опасности по живот има свуда,
Зато си увек, мајко, будна.
Ма ког живог бића била,
Хвала ти, мајко мила.

По зачараном кругу свићеш,
Ти си била, јеси и бићеш.
Од тебе потиче живот свима.
Шта лепше од тога има?

БАКА

Када нас грде тата и мама,
Одмах нас брани наша бака.
 Кад родитељи нису са нама,
Немамо бриге, чува нас бака

Кад се у игри ломљава догоди,
Бака тајну чува и крш склони.
О успеху нашем она брижно води,
Као поклон осмех нам поклони.

Потребно је да се купе играчке нове,
За тату и маму нису од приоритета,
Бака из своје оставе донесе лове.
Из њеног буџета одмор је свакога лета.

ДЕДА

Свако јутро деда рани,
Згибове прави да се расани.

Чим се деда умије и обрије,
Спрема се прву кафу да попије.

И баба се с њим пробудила,
Да би кафом деду послужила.

Деда своју лулу вади,
Димом кафу да заслади.

Син оца са ракијом служи,
За доброчинство да му се одужи.

Деди уз кафу још нешто фали,
За помоћ му се јави унук мали.

По новине унук мора да тркне,
А деда ће јутарњу кафу да сркне.

ОСМИ МАРТ

У част женског рода, Осми март се слави,

Тада су све даме, уважене и поштоване.

Свака дама на слави добија поклон прави.

Најдражи је онај што у душу стане,

И у сећање њихово неизбрисиви траг остави.

Најлепша честитка је у облику пољупца или цвета,

Даме су тада неодољиво лепе и украс су света.

Поклон за даме које су из друштва џет-сета,

Може бити лепа јахта или пут око света.

Искрености нема ако се поклону зановета.

Ја се с многим дамама слажем када кажу:

Није за два пола, поштовање и љубав права,

Ако не испоље потребу свакодневну, искрену и
снажну,

Тада поклон неће имати чари и бадава је слава.

Када је слава волимо сваку даму лепу и одважну.

ИВИНА БУЈНА МАШТА

Попио сам сву воду у океану и мору,
Сада све рибе слободну земљу ору.
Пуно хране свима од сада ће да има,
У свету неће бити глади на радост свима.

Наредио сам свуда у свету да пуно извора има,
Да свако мора за пиће чисте воде да има.
Да се од топлих гејзера велики базени створе,
Да се купа и плива до миле воље као да је море.

Замолио сам свемирски брод да лети до звезда,
Увек поуздано, брзо и лако као птице до гнезда.
Да свако живо биће има одредницу своју.
Да лете по свемирском кругу у великом броју.

Исправио сам лепу небеску дугу,
Од ње сам направио брзу пругу.
Брзином светлости сад возови јуре,
Људи неће морати више нигде да журе.

Поравнао сам сва брда и планине,
Сада равницом поглед лепше сине.
Права је идила, нема више стрмина.
Од сада ходати по њој биће милина.

Убедио сам све отворене вулкане да раде,
Да до неба једног моћног војника саграде,
Да нас са висине гледа и да миљеника нема,
Да нестане силеција, да нереда нема.

Убедио сам све птице да се међусобно сложе,
Да јединствен интрумент створе, да се лако може,
Да дође свако до песме и свог жељеног звука,
Да се ствара складна музика а не непотребна ука.

Замолио сам све школе, да изнађу најбоља решење,
Да се у један велики мозак створе и да имају бдење,
Да за све ђаке мисли, да се уведе методика нова.
То ће бити школа, саграђена из најлепших снова.

Ово задовољство нам је обезбедио наш друг Ива,
Ако међу вама неко сумње у њега има, он вас позива,
Да до њега дођете, провера је јавна и доступна свима.
Уверићете се сви да наш друг Ива бујну машту има.

ТАТА

Мој тата није само тата,
Он је тата и татамата.
Мој тата све брзо схвата,
Зато је за све татамата.

Када је проблем и решења нема,
Ту је тата, он одмах одговор спрема.
Када сам тужан и нешто ме мори,
Ту је он да веселу атмосферу створи.

Када журим и кад ми је фрка,
Тата каже: журба чему је сврха.
Када учим или када сам у раду,
Мој тата за успех гаји наду.

Када свирам, тата слуша,
Да нема фалша, он ме куша.
Он каже : Спортска игра је као слика,
Ствара се композиција у функцији лика.

ИШАО БИХ ДО СИБИРА

Ишао бих до Сибира,

Тамо чудних ствари има .

Језера су до врха пуна меда,

Рибе сакупљају мед са леда.

 Медвед кад се у језеру купа,

Строго пази рибе да не згази.

ДУЕТСКА ПЕСМА

Гледао сам како у дуету,
Бумбар и пчела певају,
Песму лепу истом цвету.

Цвет се цветовима хвали:
Ја сам даса прави
Лепотом инсекте мамим.

РАЗГОВОР ДВА ЦВЕТА

Први: Ливада је од давнина мајка нама цветовима.

Други: Знам, друже, то, ту нас страда већи број.

Ми јој ћилим изаткасмо, она дели свима.

Стока пасе, косац коси, на ћилиму пчела рој.

Први: Шума, сестра мила, све нас у окриље прима.

Други: Опасности у њој велики је број, пријатељу мој.

Кад смо расли, ми смо везли шареницу свима .

Сунце сија, хлада има, сви газе по њој.

Први: Идемо до брата градског парка,свима места има

Други: Ту страдаш ко` од шале, заточеник не херој.

Бранимо га од сивила,он нас даје
пролазницима.

Једна млада дама нас убрала, украсила ревер
свој

Први: Групе зграда велеграда дарују цвеће балконима.

Други:Све су хладне, нема наде у шуми тој.

За лепоту што имају да захвале нашим
цветовима.

Заставе наше са балкона, воде с ветровима бој.

ЛЕПТИРИ И ЦВЕЋЕ

Лептири су опкружили у ливади цвеће,
Да шаренило буде међу њима што веће.
Да спектар довољно боја има,
Да живот у ливади буде лепши свима.

Лептири имају своје мане мале,
На њих почеше цвећу да се жале.
"Сваки лептир на више цветове стаје,
Цветни мирис нама не достаје."

Цвеће је мирисно али је стамено,
Зато је тужно и често рањено.
Ех да су нама ваша крила,
Још већа би наша срећа била.

ПЛАНИНСКА ИДИЛА

Планином када лахор пири
Цветним ливадама мирис се шири.

Весео ветрић када ћарлија
Шетња планином свима прија.

Када ветрић још увек дува
Свако своју фризуру чува.

У планини кад ветра нема
 Сваком тад се дрема.

СЕЛО МОЈЕ

Лепо је у мом крају
Деца живе ко` у рају,
У селу свега у изобиљу има
Живети   овде прија свима .

Када се очи над селом отворе
У време када свитају зоре,
Куће беле трепере у сјају
А сокаци сребром посипају.

Шуме на ветру се њишу
Плодне њиве призивају кишу.
Ливаде се окитиле цвећем
А косачи са својим умећем.

У воћњаку савиле се гране
Вина и ракије има још од лане.
Жита на сунцу се злате,
Сточари стадо на пашу прате.

Свима је драга дедовина,

Правило је знано од давнина

Богатство остаје свим унуцима,

Живети у селу права је милина.

ЦАРСКА БАРА

Једна бара нема нигде краја.
Жабац Крека одавно мале баре спаја,
Тако је настала огромна бара.
Сада ова бара има свога цара.

Жабац Крека радо прича свима,
Сад он велико царство има.
У царству овом, истиче Крека,
Због повећаног света страда жаба нека.

Ваздушни саобраћај од јутра врви,
Овде се лети до пред мрак први.
Када је саобраћај већег интезитета,
Нека несмотрена жаба тад је мета.

Једним делом је пловна бара ова,
Сваким даном оформи се флота нова.
Пуно флота стално баром плута,
Може неко слободну жада прогута.

Из дубине баре не сване,

Подбарница израња да узме хране.

Док она понире још на почетку,

Може да однесе жабу неку.

Цар Крека, наређење издаје

Жабама свима нека је на знање

Поруке је написао на локвањима листа,

Свака жаба нека чита –порука је иста.

Док саобраћај у ваздуху траје,

Свака жаба у заклону да је!

Док флота на води плута,

Жабе иза заклона да не излазе ни минута!

Подбарница док из воде израња,

Свака жаба уз обалу нек се прислања,

Кад она почне да понире,

На обалу жабе да искоче што пре.

МАЛИ МИТА ПИТА

Из Пирота пита мали Мита
Колико дана има до Врања.

Два дана, па и више,
Ако Миша иде преко Ниша .

 - Шта ћу преко Ниша,
Буни се чича Миша.

Преко Чемерника је ближе,
За један дан пешице се стиже.

НОВА ГОДИНА

На сред градског трга и центра села
Дочек Нове године увелико се спрема.
Прво је дама села , окићена јела.
Расположење се мења ако снега нема.

Што ближе центру тиска се раја,
Година одлази, ником се не спава.
Нестрпљење кулминира, сат се одбројава.
Све је спремно, атмосвера весела права .

Неуморни сат последњи минут откуцава
Он јавља, прошла је година стара.
После откуцаја настаје пуцњава,
 Зло се тера да светом не хара.

Милион жеља све су понете,
Радости свима у новој Години нек има.
Све нек` их носе, одлетеће светлеће ракете,
Далеко до висина да боље буде свима

СМЕШНА ПЕСМА

Петао са плота кукуриче,
Лисици од страха срце пуче.

Коза у шуми мекеће,
Вук уплашен тражи где ће.

Миш кад се из рупе појави,
Мачка шапе на уста стави.

Жаба у бари јако крекне,
Рода од страха у воду клекне.

Медвед када краде мед пати од стда,
А кад нема меда он за почелама рида.

Орао кад небом лети плаши се висине,
Кокошку са земље носи да га страх мине.

Детлић купио добош, тонове бира,
Решио дрвеће више да не дира.

Фркће зебра иза високих трава,
Од страха лава боли глава.

МАЛИ ЂАНИ

Решава одавно мали Ђани,
Компјутер сам да направи.
Друговима је рекао свима,
Довољно он делова има.

Електронске старе ствари,
За њега су поклон прави.
Да више времена он има,
Компјутер би направио свима.

Слушао кришом мали Ђани,
Када је тата причао мами.
Компјутер није нека фора,
Прави се од телевизора и грамофона.

Тата када компјутер пали,
Ђанију тада поглед мами.
Где се који део спаја,
Он зна из татиног плана.

Ђани старе ствари по кући тражи,

Он по својој вољи ту свашта има.

Све ће он у једно да их стави,

И тако ће компјутер да направи.

Његова је сада мука жива,

Како слободан стан да има.

Кад родитељи желе ручак на трави,

Он се болестан тада прави.

Мајстор се на посао спрема,

Ниједне препреке више нема.

У гаражи и остави алат тражи,

Електронске апарате старе вади.

Склапање почиње, успеха нема,

Уз рад поче да му се дрема.

Тата и мама кући су стигли,

Ђани из брлога једва се види.

СИМА

Наш је Сима ватра жива,

Свашта уме свашта има.

Све цурице њега желе,

Никако праву он да одабере.

Оргиналну гардеробу носи,

Међ цурицама неспокој уноси.

Бицефси и трицефси њему расту,

Цуре воле таквог дасу.

Глума му је јача страна,

Гитару свира из млађих дана.

На ТВ саницама често бива,

То цурама неда мира.

Све цурице њега воле,

Не могу таквом момку да одоле.

Испречио се проблем њима,

Недоступан је лепи Сима.

МАЂИОНИЧАР СИМА

На пољу се чује граја,
Скупила се деца из краја.
Свако дете виче скаче,
Смех се чује никад јаче.

Знатижељно из свог стана,
Са прозора гледа их Ана.
Да не хватају они тигра,
Или можда тамо мечка игра.

Из стана у парк дође,
Покрај њих она прође.
Круг су у минијатуру свели,
Како би све лепо видели.

Врати се она њима,
Да види шта у кругу има,
У кругу беше другар Сима,
Показује мађионичарске трикове њима.

ДУНАВЉЕВА ЖЕНИДБА

Дунав невесту за себе тражи,
С њим да тече у море своје.
Колико небо звезда има,
Више лађа на њему се роје.

Дунав страсно грли Саву,
Пламти од пољупца Топчидерска река.
Љубав је њему слађа,
Када је река мала нека..

Дунав неће моћи брзо да тече,
Мора да успори, невесту чека.
Дама лагано својим коритом шета,
Мала лепа Топчидерска река.

Дунав Саву за куму узима,
Она је невесту њему довела.
Кад се кума у свадбу улила,
Његове сватове кући је повела.

Дунав узима за кума веселог Тимока,
Он њему доћи ће са лепог истока.
Дунав има свог драгог старог свата
Богатог тока, широког моравског утока.

Дунав сада тече, срећно ожењен,
Богатији је него што је некада био.
Сад се на све стране раширио.
Обалама шапуће да се добро оженио.

Дунав има своје момачко вече,
Вече му је улепшала лепа Тиса.
Она је дошла у групи речних миса,
Тећи ће и оне заједно с њим у море.

РАК КРОЈАЧ

Кроји по ноћи и по дану,

Кроји увек у свом стану.

Киша пада и тада кроји,

Грмљавине он се не боји.

Маказе вешто држи кад кроји,

Искројено никада не броји.

Радњу је сместио испод камена.

Мере узима свима од темена.

Код њега увек гужве има,

По мери хаљине кроји свима.

Свако мора у ред да стоји,

Несметано да може он да кроји.

МАЧАК

Јелица из Чачка има необичног мачка,
Она је мачији скуп покренула са ручка
Да питају њеног мачка какве га невоље муче,
Зашто он хуче док голуб на грани гуче.

Овде у Чачку мишеви су подобни,
Од њеног мачка потпуно слободни.
Кад мачак хоће да поједе миша,
Мора да тркне чак до Ниша.

Када је лењив, док му се снева,
С неба да падне печена шева.
Тражи свуда где му је зделица,
Пут га води где је Сјеница.

Појео је све, ни мрва испод главе нема,
Сада се на рад у Житорађу спрема.
Хоће да ради, то шале није,
Преде, реп око ногу ти вије.

За сада, највећа му је фора,

Често да прошета до Златибора.

Тамо се шетка без мере,

 Уз свако дрво воли да се вере.

Оштар протест уложио је управи Чачка,

Што нема специјални салон за мачка.

Пошто овде третмана за њега нема:

Управа авион за море да спрема.

Све државе у свету донеле су меру,

Класичним путем мачке шапе да не перу.

Шпорет на дрва нико не џара,

Много је лепше поред мора и сунцобрана.

ЏЕКИ

Шта ја радим Џеки верно прати, тачности стреми.

На коју ствар ја покажем он одмах донесер мени.

Упорно за нечим трага, по потреби уме да шени.

Зна добро да слуша, без дозволе не скаче по мени.

Џеки је најбоља куца, паметница моја права.

Код куће беспотребно не лаје и не спава бадава.

Свој дом чува, лавежом својим све упозорава.

Свакога незнаног госта од врха до дна одмерава.

У школу кад ја идем, Џеки увек мене прати,

У разред кад ја уђем, он се кући одмах врати.

Кад сам ја тужан, он се умири и са мном пати,

Када је у игри досадан, опомену брзо схвати.

ХРЧАК

Донео Миња у школу малог хрчка,
Пустио га по катедри да трчка.
Сви ученици око стола се роје.
Њих интересује хрчка донео ко је.

На час је ушла учитељица Дона,
Када виде на столу хрчка повика она:
Ко је ставио на катедру овог створа?
Он са стола уклонити га одмах мора.

Хрчак по катедри и даље се шеће,
Из разреда да га уклони нико неће.
Не знам да ли сам довољно јасна,
Ако доведем мачка, спас за хрчка биће касна.

Миња виде да се учитељица не шали,
Оде до стола да склони хрчак мали.
Је ли хрчак твој, ако није ти га остави
Не знам чије хрчак мали - у џеп га стави.

ЗЕКА

Зека из шуме хитро скаче –хопа, хопа,

Жели њиве са шаргарепом да се докопа.

Лија беше испред њиве, зека стаде,

Од свог похода одмах одустаде.

До купусишта зека ћипа, хоће да куса,

Мало му остало да дође до купуса.

Уз пут зека вука спази, проблем настаде,

У грм зађе, спас нађе и нестаде.

Устремио се зека у њиву где детелине има,

Кад тамо дође ту беше одмор шакалима.

У њиви са детелином за зеку места нема,

У бег од шакала у шуму се спрема.

Пошао да се гости сеном – он скрену,

На сену пас дрема, он се прену у трену.

Од псеће појаве он се од страха укочи,

Пас га не примети, успе у брлог да ускочи.

Неће зека од сада храну да бира,

Тражи да нађе испод букве жира.

Из ваздуха орао га примети,

Зека умакну, не успе к` небу га однети.

Код зеке настаде голема брига,

Да би спокојно јео мора терен да обигра.

Непријатељ док не оде, он мора да чека,

Зато мали зека ретко излази из јендека.

КОКИН БРОД

Друга страна речне обале би близу била,

Али се кокошкама река испречила.

Кокошке имају ману јер пливати не знају.

Дуго на висини не лете, јер одмах падају.

Расписале коке оглас да јаја продају,

Скупљени новац за брод ће да дају.

Али настаде варијанта много боља,

Саградиће брану, то је њихова воља.

Кујунција одмах алате за рад кује,

Кокама ће да продаје, то их радује.

На реци неће бити пловног кокиног брода,

Али зато преко бране ће свака кока хода.

СОКО

О, соколе, птицо моја мила,
Ко је теби поломио крила?
Поломиле птице без душе,
Поломиле да ми понос сруше.

Ја се не бих соко звао,
Кад бих понос за крила дао.
Не би соко друг јунаку био,
Када боле не би подносио.

Да ли ћете вила приметити,
Твоје ране она излечити?
Док живота у мени има,
Жеља ми је да одлетим соколима.

Соко, соко, јунак извиднице,
Птице, птице проклетнице.
Сокала ће још много бити,
Они неће понос изгубити.

БЕЛОГЛАВИ СУП

Цин међу птицама у кањону Увца се гнезди,

Увек нам поглед мами када небом језди.

Лешине по земљи купи, тим се храни,

Све очисти и тако жива бића од заразе брани.

Однедавноавно овој врсти прети угинуће,

Љубитељи природе, помозите да живе убудуће.

Још мали број на овом свету их има,

Само један пар годишње опили међу њима.

НЕСПРЕТНИ ГАВРАН

Орах је испустио
Неспретни гавран
Из шуме је гледала
Веверица мала.

Брзо је доскакутала
Испод дрвета самог,
Где је испустио орах
Неспретни гавран.

Гледао је са гране
Беспомоћни гавран,
Орах је пронашла
Веверица мала.

С дрвета грактао је
Незадовољни гавран,
У трави нестала је
Веверица мала.

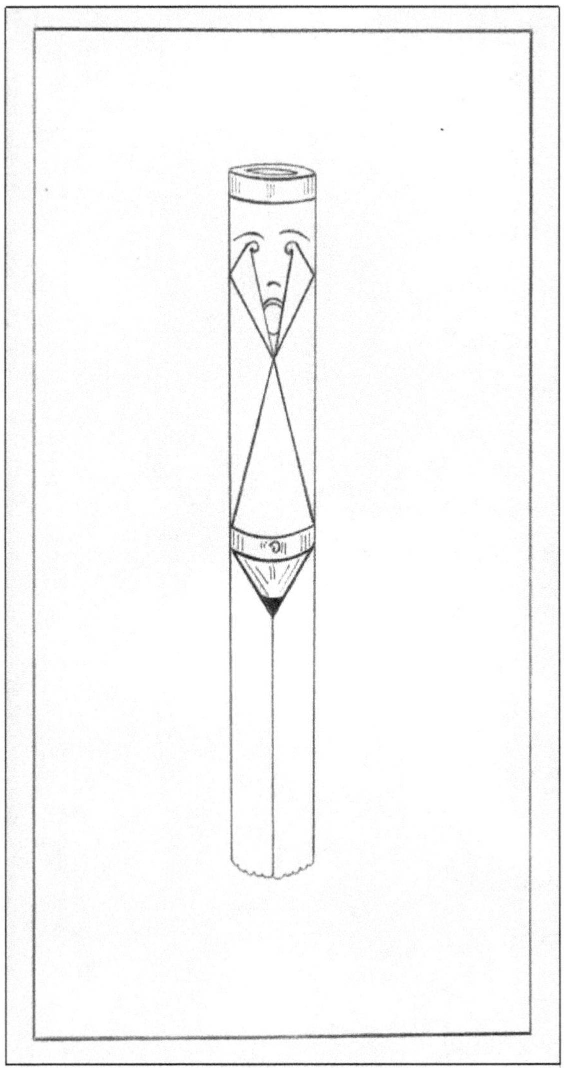

Оловка

ОЛОВКА

Људи од заборава да би своје доживљаје отргли,

Мене су створили да би касније читати могли.

Када од великог писања потпуно отупим,

Они ме наоштре да могу поново да наступим.

Када се нешто важно у новом времену збива,

Као сведок, зна се, ја сам увек прва међу њима.

Када су људи на прошлост срећни или када се љуте,

Моје белешке се тада сећају и мене присутне.

ЛОПТА

Лопту дајеш или примаш,
Лопту машиш или шутираш.
Са лоптом пуно знаш,
Лопту ником ти не даш.

Твоме другу лоше иде,
Слабо дрибла, промашује.
Често воли он да греши,
То и теби може да се деси.

Са друговима буди фер,
Немој бити ти надмен.
Пусти друштву да те бира ,
Ако хоћеш да бриираш.

Уметничко клизање

УМЕТНИЧКО КЛИЗАЊЕ

У планини на крај села,

Живи наш клизач Пера.

Одкако су настали хладни дани

Пера друговима поче да се жали.

Брине ме да не престану студени дани,

Да се не одледи наша велика бара.

Од леда зависи моја будућа слава.

На залеђеној бари стичем искуства права.

Друговима својим он даје на знање

Перспектива је уметничко клизање.

Своје другове доведе на залеђену бару,

Он им рече да могу да клизају у пару.

Пре док не буду клизали они скупа,

Он ће им показати клизачко умеће.

Хтеде да изведе пируету, паде у окрету.

Друштво пад гледа, дигоше Перу са леда.

Лет до свемира

САН

Свако свој сан има,
Ствара га у мислима,
Кад зажмури и полети,
Не жели тад да слети.

Сан га носи до језера,
Одведе га пут свемира.
Док лети он га прати,
Не жели да га врати.

Спава, спава, он га води,
По небеској плавој згоди.
Санак би сладак био,
Ал` је неман измислио.

Кад се прене и пробуди,
Тад је као кад се роди.
Он би хтео да је тамо,
Ал` се спаси; само,само.

НОЋ

На небу трепере звезде
Метеор небо пара
Отсјај његовог пута
Пролазнику поглед хвата.

Ноћ га у неспокој враћа,
Метеор у непознато сврати
Он би хтео знати
Кад ће поново да се врати.

Звездама се недостатак не види
Увек су у истом броју
Из мрака нови метеор дође
И исти сјај небом прође.

Метеор један за другим прати
Како утањају у ноћну тмину
Пролазник уздижућ` главу
Дочека зору плаву.

ХЕЈ, ДЕЧКО!

Хеј , дечко, што си стао,
Недостаје ти сада фора,
Да ми приђеш, да би закуцао
Ти на врата моја!

Метод нађи, ти се снађи,
Нека буде сасвим "кул".
Твојом страном пута идем,
Да не буде узалуд.

Крдо срна често срља
На истој страни пута.
Све би оне хтеле тебе,
Ал да не силазе с пута.

Уверена да сам боља
И од целога крда,
Ако ми ти не приђеш,
Учинићу нека буде мој блам.

Смирићу страсти своје,

 Угасићу запаљене ватре моје,

Ил` ћу бити срећница снова

И крај мене лутка моја .

ПРИНЦЕЗЕ

Оне су паметнице,

Оне су лепотице,

Оне су лавице,

Оне су "царице",

Оне су добре ученице,

Оне су примерне девојчице,

Оне су добре "виле",

Оне су свима миле,

Оне на ред пазе,

Оне воле да се мазе,

Оне желе добре момке,

Оне су модерне девојке,

Оне узалуд не траће време,

Оне су принцезе,

 Нема дилеме.

ТОБОГАН

Наше друштво увек иде скупа,

У базен да се весело купа.

Да пливају одавно сви умеју.

У дубину да роне неки смеју.

Доста их има који у води гњуре,

Неки се с лоптом по базену јуре.

Има их што се водом прскају.

Храбри са трабулине да скоче знају.

Свако, бар једном у току дана,

Мора у базен да сјури са тогобана,

То је када друштво клизи у реду,

Нагомилају се и неред уведу.

ЛЕТО

Покошене су ливаде и сдевена сена.

Жита се жању, кад је лопта ужарена,

Тад се на пољима свуда жита злате,

Комбајнери комбајнима свако зрно омлате.

Силоси и амбари једнако се жале,

Резерве чувања жита су мале.

Неимари одмах на посао се дају,

Оставу за жита брзо спремају.

Летње сунце од самог јутра жеже,

Сва жива бића у дубоку хладовину беже.

Када из хала и поља радове одложе,

Радни људи одмор траже тамо где су плаже.

Исушио се поток, а и баре воде немају,

Одмах нека бића друга станишта спремају.

Многи од њих се љуте што вручина хара,

Једино инсектима и гмизавцима одговара.

Непогоде у лето могу често да се јаве,

Неопрезна бића у невремену могу да се удаве.

Из анкете годишњих доба истраживања су дала,

Већина је лето као најдраже одабрала.

ЖИТО

Стрепње има да ли ће семе да клија.

 Радостни смо када жито класа.

Осмехе нам буди кад жито заруди.

Свима годи када жито добро роди.

Свакога лета на пољима одвија се жетва.

Увек се слави кад се зрно у амбар стави.

Деца уче, уз игру и песму расту,

Сви смо срећни када довољно хлеба има.

ЈЕСЕН

Јесен је наша драга мати,

Пуно тога ће нам дати,

Најлепша је у време сутона,

Обучена у одећу златног тона.

Своје поклоне она дели,

Узима свако шта пожели.

Хоћеш воћа , можда жита,

За поврћа да ли ко пита

Дарове што нам доноси,

Воли често да ороси,

Да их пере, да их хлади

Док једемо да нам слади.

Има оних који журе,

Пут југа да одјуре,

То је летачка елита

Из луга и лепог рита.

ЗИМА

Облачи капут бео ливада и луг,
Полази на пут хладан и дуг.

Са врха планине чује се зов:
Дођите, децо, на капут мој!

Доћи ћемо, зимо, то нам паше,
Најлепше су на њему игре наше.

Шта ако снега буде вишка свуд,
Нећемо моћи доћи ниодкуд.

Послаћу ветар с југа у бој,
Он у ходу свом скида капут мој.

ПРОЛЕЋЕ

Смејало се Сунце јако,
Меду је пробудило лако.

Од сунчаног смеха и жубора воде,
Нисмо ни приметили да снег оде.

Жуна кликће , шева пева,
Птичји свет песму заподева.

Не дадосмо почаст ласти ни роди,
Видимо ђурђевак да у цвећу коло води.

Сложила се флора и фауна , без изузећа,
Да су то сигурни весници пролећа.

ПАСТИР

У планини на пропланку
Пастир своје стадо чува,
Фрулу за појас заденуо,
Нема коме он да свира.

Све се мање звона чују,
Пашњаци су сасвим празни,
Ни пастирки више нема,
Празан поглед - даљина га мами.

Затечен у самоћи и тишини,
Дозива га птичији пој,
Одазва им се песмом својом,
Ал` шта вреди нису спој.

Ветар дува гране њише,
Шума шуми и одвише.
Поток с камена на каменсе слива,
Чује се хук воде и ветра како дува.

ЗАЉУБИЛА СЕ ДАНКА У МАРКА

У   нашем одељењу, добили смо вест дана,
Заљубилоа се дивна Данка у лепога Марка.
Нема сумње, вест је сасвим тачна и поуздана.
Потврду смо добили од Марка, није варка.

Када Марков телефон звони или га цима,
То је Данка, он важну поруку од ње има.
Марко када који мејл отвори, одговара свима,
Данку пита, да ли она за њега времена има.

 Разред је на часу, папир по њему кружи,
На папиру лепо пише- Данка воли Марка.
Дај ми тај папир! - Наставници неко пружи,
Узвикну она: сада се слуша не тарка и чарка!

ХИМНА ЦРВЕНЕ ЗВЕЗДЕ

Ура `! Ура `! – Ура , ура , ура!

Чује се свуда , црвено-бели барјак се вије

док Звезда битку бије!

Оје `! Оје `! – О-је-је-је, најбоље су Делије!

О-је-је-је, најбоље су Делије!

Гол` !  Гол` ! – Гол , гол , гол!

Дај гол !

Дај гол ! – То је жерља срца мог!

Гол` ! Гол` ! – Гол , гол , гол!

Дај гол !

Дај гол ! – То је жеља срца мог!

Оје` ! Оје` ! – О-је-је-је, најбоље су Делије!

О-је-је-је, најбоље су Делије!

Своје`! Своје`! – Своје, своје, своје, своје!

Волимо! Свеске! Шампионе!

Своје`! Своје`! – Своје, своје, своје, своје!

Волимо! Свеске! Шампионе!

Ужарила се Маракана,

Црвена звезда увек је с нама!

Ужарила се Маракана,

Црвена звезда увек је с нама!

Оје`! Оје`! –О-је-је-је-је, најбоље су Делије!

О-је-је-је-је, најбоље су Делије!

Црвена звезда дошла је са неба,

Игру је донела и то нам треба!

Црвена звезда дошла је са неба,

Игру је донела и то нам треба!

Оје`! Оје`! –О-је-је-је, најбоље су Делије!

О-је-је-је, најбоље су Делије!

ХИМНА ЦРВЕНЕ ЗВЕЗДЕ

(друга верзија)

Наша се песма Топчидерским брдом ори,ори,ори!

Црвена звезда за победу се бори, бори, бори!

Оје`! Оје`! –О-је-је-је-је, најбоље су Делије!

О-је-је-је-је, најбоље су Делије!

Гол`! Гол`! – Гол, гол, гол, гол!

Дај гол!

Дај гол! То је жеља срца мог!

Гол`! Гол`! – Гол , гол , гол!

Дај гол!

Дај гол! То је жеља срца мог!

Оје`! Оје`! –О-је-је-је-је, најбоље су Делије!

О-је-је-је-је, најбоље су Делије!

Ужарила се Маракана,

Црвена звезда гол је дала!

Ужарила се Маракана,

Црвена звезда гол је дала!

Оје`! Оје`! – О-је-је-је, најбоље су Делије!

О-је-је-је, најбоље су Делије!

Црвена звезда дошла је с неба

Победу је донела и то нам треба!

Црвена звезда дошла је с неба

Победу је донела и то нам треба!

Оје`! Оје`! – О-је-је-је, најбоље су Делије!

О-је-је-је, најбоље су Делије!

ЗМИЈА

У сред жбуна и гомиле стена,

Ја сам увек тамо сакривена.

Ретко када смем да прошетрам,

Терен морам добро да испитам.

Многе звери стене ваде,

Кад ме нађу, тад се сладе.

Често у жбун неко сврати,

Ја га не чујем, он ме ухвати.

Из ваздуха крупна птица

Кад ме види носи из литица.

У дубини мога дома у трави,

Непозвани гост сврати па ме дави.

Ноге немам, морам ја да гмижем,

Од непријатеља да побегнем ја не стижем.

Одбрану једину имам, отров у зубима,

Пркосим свима мојим уједима.

МАЛИ БРАНА

Молио мали Брана да му објасни тата
Одакле је рода донела његовог брата.
Татини одговори су за Брану нејасни и штури,
На шта се он поче жестоко да буни.

Тата нема више куда, признаде одмах Брани,
То је само шала, децу не доносе роде.
Истина је права, тата и мама када се воле,
Из њихове велике љубави деца се створе.

Насмеши се Брана. Тата, на одговору ти хвала,
То је истина права!- Нека се деца с ложима сложе,
Да из далеке Африке сву децу доносе роде.
Зато многи наши малци мисле да су Африканци.

Многима није јасно зашто су они беле пути,
Деца у Африци када се се роде црне су боје.
Неки мисле да су у току пута променули боју,
Услед зиме када су роде летеле преко планине.

Сад знам, тата је открио истину праву,

Да је он и мама моја, родитељи стварни,

И да је због лажне форе измишљене роде.

Тако је Брана открио да нема родиног дара.

Роде су птице и оне се међусобно такође воле,

На свет оне не доносе децу већ своје родиће.

Брана моли све тате и маме да својој деци кажу,

Да између сваког брака роди се беба свака.

НА КОРЗОУ

Синоћ у граду, на корзоу
Упознао сам љубав нову.
Имејл ми је она дала,
Веца нет тачка Сава.

Другог дана, свак је своју,
Послао је поруку по коју.
Опис краја, све у низу,
Приметих да станује она близу.

Последња порука као ребус стоји,
Кућни број и улицу споји.
Пета нова и датуми целог маја-
Би ми јасно све до краја.

У исто време, имаш ли вољу
Да будемо данас на корзоу?
Доћићу ја, зашто не- има форе,
Трајаће време за нас двоје.

Друштво моје, она своје,

Доведосмо код нас двоје.

Створила се клапа нова,

Ја и Весна пар смо снова.

ИСИДОРА

Летњим даном покрај мора,
Шета псића Мићу Исидора.
Јака жега њима смета,
Први хлад би им мета.

Лепезом се расхлађује,
Сокићом се разблажује.
Хлад би за њих добар био,
Мића би језик исплазио.

Из хлада морају ићи скупа,
Она оде у воду да се купа.
На плажи јој шешир оста,
Мића чувар ствари поста.

Изненада ветар дуну јако,
Шешир к небу однесе лако.
Мића јури шешир да спаси,
Али с њиме нестаде у маси.

Из воде Исидора мора изаћи,

Њих двојицу треба наћи.

На крају плаже она их спази,

Дође до Миће и поче да га мази.

КИША ПАДА

Киша пада...

Учитељица Нада мења план рада.

Свим ученицима годи,

Што ће математику да одгоди.

Учитељица Нада жели,

Одељењску заједницу баш сада.

Шта жели да збори?

 Који су јој по киши поводи?

Када се у одељењу подигне јака бура,

Зна се, сваком ђаку на часу пажња је нула.

Први на часу почне да дува немирни Ђура.

Она не би ни трепнула.

Мокри смо од кише,

Неком се још од јутра дрема.

Шта се збива?

Учитељица љута од првог минута.

Ђура у реду никога не задева,

Да се љути разлога нема.

После звона, будите у колони,

Не можете унутра овога пута!

Звоно преста, зачу се она:

 На шта личи задња колона!

Гледала сам очима својим,

Како Аца по блату гаца, Мита и Бора

Туђу одећу блатом лепе без пардона.

Сава по блату се ваља,

Док Аца лопту му баца.

БОЖИЋ БАТА

Стигао нам Божић Бата,

Весела је наша кућа свака.

Дечји жагор у кућама се чује,

С поклонима Бог их обилује.

Нека у свакој кући слога влада,

Нек` се пева, нека је Богу хвала.

Колико у бадњацима има жара,

Деца у школи да се оките петицама.

ЛУКА

Сваки пут чека се Лука,

У школу често касни,

На ручак не стиже на време,

Нешто га задржава нема дилеме.

У школи добар је ђак,

Мами и тати то прија,

Зашто свуда касни,

Поче да их секира.

Из школе када се врати,

На компјутер прво сврати,

Мама не успе ни да га пита

Да ли у школи нова оцена има.

Родитељи решише да открију сами,

Шта на компјутеру Луку мами,

Није им било тешко да схватише они,

Лука компјутер више од њих воли.

83

Тата у компјутер завири,

Погледа шта прати Лука,

Затече га на линији фејзбука.

Он схвати, Лука касни због фејзбука.

БЕЛИ ГОЛУБ

Тек што зора заруди
Голуб песмом мене буди,
Мој прозор њему је на мети
Сваким даном на њега слети.

Бели голуб је ћубасти барон,
Сваким даном гости се он
По навици са длана мог
Јер нема кувара свог.

МИШ

Један мали миш
Сакрио се у листиш,
Постеља му је права
Ту ће да одспава.

Ветар поче да дува,
Миш постељу не сачува,
Лишће нестаде за трен,
Остаде миш шћућурен.

Са кућнога крова
Примети га сова,
Миш се одмах прену
Избеже агресију њену.

ДЕДА МРАЗ

У врећи за поклоне више места нема,
Деда Мраз са севера на пут се спрема.
Пут је дуг, на њему пуно снега има,
Поћи ће на време са ирвасима.

Сву децу света он ће обићи,
Пре Нове године до њих мора стићи.
Дечије жеље он ће све испунити,
Поклона за све мора довољно бити.

Он путем, прти, прти, свакога дана,
Врећа на санкама добро је везана.
Деца га по белој бради познају,
Поклоне од њега радо примају.

Кад поклоне из вреће све подели,
Поново на север ће да се сели.
Дарове нове он ће да спрема,
За дечију бригу одавно места нема.

СНЕШКО БЕЛИЋ

Небом су летеле пахуље беле,
Потом су на земљу слетеле
И прострле своје чаршаве беле
Да би срећу деци донеле.

Деца од снега грудве ваљају,
Туђу грудву у своју спајају,
Тако две лопте направе,
Затим једну на другу ставе.

Већа лопта биће им труп,
Она мала биће глава,
Додаће дугмића већи скуп,
Шерпа мања биће капа права.

Додају лоптама делић по делић
И родиће се лепи Снешко Белић,
На чаршаву смело ће да стоји
Великог мраза он се не боји.

МАЛИ ЂУКА

Мали Ђука лењу питу воли да једе,
Молиће маму да му спреми, ако хтедне.
Мама лење питу уме лепо да спрема,
Али набраних јабука у остави нема.

У воћњак одмах оде мали Ђука,
Хоће да набере слатких јабука.
Њих он са земље не може да бере,
Мали је, уз дрво не сме да се вере.

У помоћ му дође његова бака,
Помоћу њеног штапа берба је лака.
Бака штапом све савија гране,
Ђука у корпу ставља јабуке обране.

Мама лењу питу може да спрема,
Ниједну препреку више нема.
Лења пита брзо се испекла,
Изволите сада јести – мама је рекла.

ОЗБИЉАН ЂАК ПРВАК

Ти си моја срећа-
Тата и мама кажу.
Ја нисам више мали
И они се слажу.

У школу ја идем
Корак ми је лак.
Ја сам од сада
Озбиљан ђак првак.

Више се не играм
Већ пишем и учим.
Добри су ми другови
У школи, иако су нови.

Родитељи моји мили
У школу ме прате,
Док у школу не уђем
Неће да се врате.

КВИСКОТЕКА

У школи се данас
Организује квискотека знања
Присуствоваће сви ученици
И битна наставничка свита.

Водитељка биће
Лепа ученица Соња
Сви ученици знају
Да је симпатија моја.

У школу ће доћи
И мој мили дека
Поносан је на мене
Када одговоре рећам.

Ако будем добар
Обећао ми дека,
Купиће ми кимоно
Да личим Брус Лију.

Када дођем кући
Чекаће ме торта
Лично ће је правити
Драга бака моја.

Вукашин Луковић
(1956)

Рођен у Ј. Трудову код Нове Вароши. Студије технике завршио у Чачку а предавао у Београду где пише, слика и ствара научна открића. Колеге професори књижевности и пријатељи активно су га поринули у књижевне воде. „Књижевна академија“ из Београда објавила:

„*Чаробну пећину*“ (2007) бајке и басне,
„*Исаило*“ (2008) роман и
„*Корпу снова*“ (2010) диск, песме и афоризми.

Оглашава се у часописима: „Сцена Црњански“, „Јесењин“, „Видовдан“, „Обзорје“... у зборницима, алманасима, годишњацима... Заступљен у књизи „Ко то тамо пише“ Удружења писаца Србије чији је члан. Из штампе ускоро излазе:

„*Вукашизми*“ афоризми и
„*Исаило*“ 2. роман у припреми

САДРЖАЈ: